Stephanie Vifian
& Xenia Giday

Die Mut-Entdecker

Mit Illustrationen von Silke Herr

Die Geschichte der Geschichte

Im Café auf der
Leipziger Buchmesse 2023:

„Und was mache ich jetzt?“, fragt Stephanie
und nippt an ihrem Cappuccino.
„Du veröffentlichst deine Geschichten
mit meinen“, sagt Xenia und lächelt
verschwörerisch. „Zusammen.“
„Im Ernst?“
„Absolut.“

Nach einer herzlichen Umarmung
besiegeln Stephanie und Xenia ihre
gemeinsame Idee mit einem leckeren
Stück Mohn- und Käsekuchen.

Wir wünschen euch viel Spaß mit unserem
Vorlesebuch „Die Mut-Entdecker“.

Inhaltsverzeichnis

STEPHANIE VIFIAN

Mauro, eine Fee und Stützräder

Fiorella duckte sich. Sie wollte nicht mit ihren Flügeln an den Ästen hängenbleiben. Die Blätter des Busches kitzelten sie im Gesicht. Sie drückte sie beiseite und sah den Jungen. Hatte er gerade sein Fahrrad hingeschmissen? Das ging doch kaputt. Jetzt trat er gegen den Reifen und stampfte mit dem Fuß auf. Fiorella kratzte sich verwundert an der Stirn.
Nun wischte sich der Junge die Tränen mit dem Ärmel weg und schaute in ihre Richtung. Er hob das Rad auf und schob es über die Spielstraße.
„Was machst du da in den Büschen?“, fragte er. „Spielst du Verstecken?“

Fiorella drehte sich nach rechts und links. Da war niemand. Sah er sie? Für Menschen waren Feen doch unsichtbar.
„Kannst du nicht sprechen?“ Er legte sein Fahrrad auf den Boden und kam näher.
Fiorella hielt den Atem an. „Au!“
Der Junge hatte sie mit dem Finger in den Bauch gepikst.
„Du kannst ja doch reden.“ Er grinste. „Wie heißt du und warum versteckst du dich da?“
„Hallo“, murmelte sie.
„Bist du neu hier? Ich kenne dich nicht.“
„Ähm … Ich heiße Fiorella und bin zu Besuch.“
„Ich bin Mauro. Darf ich mitspielen?“
„Bei was?“
„Na Verstecken oder warum stehst du in den Büschen? Hast du was ausgefressen?“
Ausgefressen? Hält er mich für ein Tier? Ich fresse doch nicht.
„Ich habe Cornflakes zum Frühstück gehabt.“
Er lachte plötzlich so laut, dass Fiorella ängstlich einen Schritt zurückwich. „Magst du Feen?“, fragte sie.
„Meine Schwester liebt Bücher mit Feen. Ich mag eher Piratengeschichten.“
„Hast du schon mal eine gesehen?“
Mauro kicherte. „Nein, natürlich nicht. Die gibt es doch nur im Märchen. Hast du keine Lust zu spielen?“
„Was willst du denn spielen? Und warum hast du dein Fahrrad getreten?“
Mauro ließ den Kopf hängen. „Hast du mir zugesehen?“
„Ja.“
Er schaute sie an. „Kannst du Fahrrad fahren?“
„Keine Ahnung. Habe ich noch nie probiert. Spielen wir das?“
„Hab keine Lust. Ich lern das eh nie.“
„Nie gibt es nicht. Man kann alles lernen, wenn man will.

Also, zeig mir, wie man Fahrrad fährt. Ist sicher nicht einfach mit zwei Reifen. Ein Pferd hat wenigstens vier Beine und kann nicht umkippen."
„Ich hatte bis gestern Stützräder. Im Sommer komme ich in die Schule. Papi meint, ich kann das auch ohne. Heute wollte er mit mir üben, aber er hat keine Zeit."
„Dann warte doch, bis er Zeit hat."
„Ich will ihn überraschen. Es klappt nicht. Das Rad bleibt einfach nicht stehen."
„Und wenn ich es festhalte, und du steigst auf?"
„Du bist kleiner als ich. Schaffst du das?"
Fiorella streckte sich. „Klar, ich bin schon stark."
„Okay." Mauro hob sein Fahrrad auf und sah sie abwartend an.
„Wo soll ich festhalten?"
„Vielleicht am Gepäckträger. Hier."
Fiorella legte beide Hände um den Gepäckträger.
Mauro setzte sich auf den Sattel, auf dem ein Abziehbild eines Marienkäfers klebte. Als er den zweiten Fuß auf die Pedale stellte, wackelte das Fahrrad und fiel um. Mauro konnte gerade noch rechtzeitig die Füße wieder auf den Boden setzen.
„So ein blödes Ding!", schrie er. Tränen kullerten ihm über die Wangen.

„Tut mir leid", murmelte Fiorella.
„Ich kann das nicht", schluchzte er.
„Doch. Unsere Feenmutter sagt uns immer … "
„Feenmutter? Bist du eine Fee?" Mauro starrte sie an.
Fiorella erschrak. Ängstlich antwortete sie: „Ja, bin ich."
„Du lügst, wo sind deine Flügel?"
„Wenn ich nicht fliege, liegen sie dicht am Körper. Schau."
Sie spreizte sie. Hellgrün und hellblau schimmerten sie im Sonnenlicht.
Mauro riss die Augen auf, sein Mund klappte vor Erstaunen auf.

„Du bist echt eine Fee!“ Er schlich um sie herum und berührte vorsichtig die glitzernden Schwingen. „Das muss ich meiner Schwester erzählen.“
Er wollte schon losrennen, doch Fiorella hielt ihn am Ärmel fest.
„Nein, warte. Menschen sehen mich nicht.“
„Aber ich sehe dich.“
„Ich weiß auch nicht, warum.“
„Kannst du zaubern?“
„Ja, jede Fee kann das.“
„Klasse. Dann zaubere, dass ich Fahrrad fahren kann.“ Mauro strahlte sie an.
„Nein, das darf ich nicht. Die Feenmutter hat uns beigebracht, dass wir Dinge lernen sollen. Du wirst dich toll fühlen, wenn du es ganz allein schaffst.“
„Das ist doof.“ Er ließ den Kopf hängen und flüsterte: „Und wenn ich wieder umfalle?“
„Komm, ich helfe dir. Du kannst das. Ich halte dich fest.“
Widerwillig nahm Mauro sein Fahrrad und setzte sich auf den Sattel. Bevor er den zweiten Fuß auf die Pedale stellte, sah er Fiorella ängstlich an.
„Du schaffst das.“
Mauro hob den Fuß. Das Rad wackelte.
„Musst du nicht losfahren?“, rief Fiorella. „Du kannst das.“
Mauro trat kräftig in die Pedale und schoss nach vorne.
„Ja, weiter so.“ Fiorella rannte neben ihm her und stützte ihn mit einer Hand.
Sie übten und übten, bis Mauro die Spielstraße ohne Fiorellas Hilfe entlangfuhr. Er jauchzte und lachte.
„Mauro!“, rief sein Vater freudig und eilte zu ihm. „Du kannst Fahrrad fahren! Das hast du ganz allein gelernt, während ich auf der Arbeit war?“
„Fiorella hat mir geholfen.“ Mauro stieg ab und schaute sie an.

„Wer ist Fiorella?"
Sie stand dicht bei ihnen, doch der Vater sah sie nicht. Sie schüttelte den Kopf und hielt sich den Finger vor den Mund. Mauro begriff sofort. „Ach, ein Mädchen, das hier auf Besuch war."
„Das war aber lieb von ihr."
„Ja, sie ist nett", sagte Mauro.
„Komm, wir erzählen Mama, dass du Fahrrad fahren kannst."
Mauro sah über seine Schulter und nickte Fiorella zu.
Fiorella lächelte. Dann winkte sie ihm zu und verschwand in den Büschen.

XENIA GIDAY

Die Aufführung

„Suse!“, ruft Papa. Doch Suse rührt sich nicht. Wie angewachsen steht sie auf der Bühne hinter dem hohen, roten Samtvorhang und schielt durch einen Schlitz in den riesigen Saal.
„Suse, du musst dich umziehen. Die ersten Zuschauer kommen bestimmt gleich.“
So viele Stühle. Der Saal ist voll davon. Noch sitzt dort keiner. Aber bald werden alle auf die Bühne sehen und sie anschauen. Suse reibt sich die Hände an ihrer Hose trocken.
Sie hat sich so auf die Aufführung zu ihrer Kindergarten-Verabschiedungsfeier gefreut. Sie darf den Marienkäfer spielen. Marienkäfer mag Suse besonders gerne. Die sehen lustig aus, wenn ihr runder Körper durch die Luft fliegt.
Mama hat ihr aus Stoffresten ein Marienkäferkostüm genäht. Das schönste überhaupt, sogar glitzern tut es. Für den Marienkäferkörper hat Mama den alten, roten Vorhang aus dem Gästezimmer genommen und für die Punkte hat Suse mit Mama einen schwarzen Glitzerstoff in Mamas Stoffreste-Kiste gefunden. Ihren schneeweißen Haarreif hat Suse mit schwarzem Krepppapier umwickelt. Mit Papas Hilfe hat sie zwei Drähte am Haarreif befestigt, die so kringelig wie ihre Lieblingsnudeln sind. An die Enden hat Papa jeweils eine große Kugel aus Styropor aufgesteckt, die Suse vorher schwarz angemalt hat. Fertig waren die Fühler. Sie passen hervorragend zu Suses schwarzen Haaren, hat Papa gesagt. Dann haben Mama und Suse noch ein schwarzes Langarmshirt und eine schwarze Leggins gekauft, denn in Suses Kleiderschrank war nichts Passendes zu finden.

„Suse?“ Papa tippt ihr auf die Schulter. „Du musst dich jetzt wirklich umziehen. Die Aufführung beginnt gleich.“
Suse sieht die ersten Mamas und Papas, Brüder und Schwestern und Omas und Opas im Zuschauerraum Platz nehmen.
„Jetzt bist du auch schon sechs und kommst nach den Sommerferien in die Schule. Ich kann das kaum glauben“, sagt Papa.
„Los geht's, Suse!“
Da! Suse erblickt Mama und Ben. Ihr kleiner Bruder hat wohl keine Lust zu laufen. Suse schmunzelt. Er hat es wieder geschafft, dass Mama ihn trägt. Dann sieht sie ihren großen Bruder Tom, Oma Petra, Opa Ulf, Oma Sandra und Opa Markus. Suse lächelt. Alle da.
Irgendwie fühlt sich Suse komisch. So anders als heute Morgen. Ihre Vorfreude ist weg. Als wäre ein Sturm gekommen und hätte ihre Freude und Lust einfach weggepustet. Sie knetet die Finger. Ihr Hals ist trocken, ihr ist schwindelig und in ihrer Brust fühlt es sich an, als macht jemand einen Trommelwirbel. Suse schluckt und dreht sich zu Papa.

„Ähm ... ich glaube, ich bin krank." Suse schaut zu Boden. „Mir ist auch ganz heiß."

„Du bist krank?", fragt Papa. „Lass mal fühlen."

Suse schlurft zu Papa, der das Marienkäferkostüm in der Hand hält. Mit der anderen Hand fühlt er Suses Stirn.

„Mmh." Papa krault sich am Bart. „Also Fieber hast du nicht. Deine Stirn ist eher kalt."

„Schau, ich zittere sogar." Suse zeigt Papa die Hand, die ein bisschen zittert, so wie bei Opa Ulf.

„Ach Suselein!" Papa schmunzelt und nimmt sie fest in die Arme. „Du bist nicht krank. Du hast Lampenfieber."

„Sag' ich doch. Ich hab' Fieber."

Papa lacht und wuselt über Suses Lockenkopf.

„Das, was du hast, nennt man Lampenfieber. Es fühlt sich an, als ob man Fieber hätte. Aber es ist keine Krankheit. Man ist nur einfach schrecklich aufgeregt, weil zum Beispiel eine Aufführung bevorsteht und man weiß, dass viele Menschen einem zusehen. Das ist etwas ganz Normales und ich behaupte, dass jeder Mensch Lampenfieber kennt und schon mal hatte."

Papa streckt den Zeigefinger in die Luft.

„Du auch?", fragt Suse erstaunt.

„Ja, natürlich, ich auch. Immer wenn ich einen Vortrag bei der Arbeit halten muss, bin ich aufgeregt und habe etwas Lampenfieber."

„Aber du musst doch oft einen Vortrag halten."

„Ja, das stimmt. Ich bin nicht bei jedem gleichermaßen nervös. Bei einigen mehr und bei anderen weniger. Aufgeregt sein ist gut, das Gehirn ist wach und wir sind konzentriert." Papa tippt an seine Schläfe.

„Mmh." Suse überlegt.

„Komm, wir müssen uns beeilen", sagt Papa. „Zum Glück hast du das Shirt und die Leggins schon an. Jetzt nur noch

das Kostüm überwerfen und den Haarreif aufsetzen. Und dann ist meine große Suse ein Glitzer-Marienkäfer." Er hält ihr das Marienkäferkostüm hin, doch sie nimmt es nicht.
„Ich glaube, ich bin wirklich etwas krank und möchte lieber im Zuschauerraum sitzen."
„Oh!" Papa wirft die Stirn in Falten. „Und krank im Zuschauerraum sitzen geht?"
„Jaja, das geht", antwortet Suse schnell. „Ich bin auch nicht so doll krank. Mir ist nur etwas schwindelig und da ist Sitzen viel besser. Bin ja nicht ansteckend", fügt sie hinzu und schaut auf ihre Füße.
Papa sagt nichts.
Suse schielt zu ihm hoch. Papa betrachtet sie mit seinem „Ich schaue jetzt ganz ernst"-Blick.
„Okay", sagt er nach einer Ewigkeit. „Wie wäre es, wenn du das Kostüm trotzdem anziehst? Nur für den Fall, dass es dir im Zuschauerraum plötzlich besser geht und du doch den Marienkäfer spielen möchtest." Papa hält ihr das Kostüm entgegen.
Suse zögert. Sie schaut auf die Bühne und dann zu den anderen Kindern, die alle bereits ihre Kostüme anhaben. Mittendrin sieht sie ihre Erzieherin Martina, die sie fragend anschaut und von Weitem auf ihr Marienkäferkostüm zeigt.
„Ja ... okay", willigt Suse halbherzig ein, „aber ich gehe nicht auf die Bühne. Mir ist ja schwindelig."
„Auf keinen Fall gehst du auf die Bühne", stimmt Papa zu.
Warum er allerdings dabei schmunzelt, versteht Suse nicht so ganz. Sie nimmt Papa das Kostüm aus der Hand und stülpt es über. Danach setzt sie den Haarreif mit den selbstgebastelten Fühlern auf.
„Du bist der hübscheste Glitzer-Marienkäfer", sagt Papa.
Suse lächelt und nimmt seine Hand. Sie machen sich auf den Weg Richtung Saal.

„Wo wollt ihr denn hin?“, fragt Martina. „Es geht doch gleich los.“
„Ich muss dringend zur Toilette“, flunkert Suse und linst zu Papa.
„Dann aber schnell“, antwortet Martina, bevor Papa überhaupt etwas sagen kann. „Andreas, kannst du mir bitte mit der Girlande helfen. Irgendwie fällt die immer von der Wand.“
„Suse, geh rasch zur Toilette und komme wieder hierher. Ich helfe Martina kurz.“ Papa zwinkert Suse zu.
Sie schaut von Papa zu Martina und von Martina zu Papa. Das war nicht der Plan, dass sie zurück hinter die Bühne kommt. Ihr ist ja schließlich schwindelig. Deswegen kann sie nicht bei der Aufführung mitmachen. Aber allein in den Zuschauerraum zu gehen, traut sich Suse auch nicht. Jetzt muss sie tatsächlich zum Klo. Ohne ein Wort zu sagen, verschwindet sie zur Toilette.
Als sie wieder hinter die Bühne kommt, sind Papa und Martina noch immer mit der Girlande beschäftigt. Suse stellt sich an den Rand und beobachtet den Trubel. Lauter Hummeln, Frösche, Schmetterlinge, Bienen, Grashüpfer, Schnecken, Tausendfüßler, Regenwürmer und verschiedenste Vögel hüpfen aufgeregt auf der Bühne hin und her. Sie kichern und flüstern. Ein freudiges Knistern liegt in der Luft. Und dann sieht Suse, wie die Hummel sie zu sich auf die Bühne winkt. Doch Suse tut so, als würde sie das Zeichen nicht sehen. Als sie sich für eine Sekunde unbeobachtet fühlt, versteckt Suse sich schnell hinter einem Berg von grün angemalten und mit bunten Blumen beklebten Umzugskartons.

An dieser Wiesenlandschaft haben alle großen Kindergartenkinder gemeinsam gebastelt und gemalt, was ihr sehr viel Spaß gemacht hat.
Suse lugt vorsichtig um die Ecke, um das Bühnenbild auf keinen Fall kaputt zu machen. Die Girlande scheint zu halten, Papa und Martina unterhalten sich. Es sieht so aus, als erklärt Papa Martina etwas. Er fuchtelt mit den Armen und Martina greift sich in die Haare.
Plötzlich ertönt ein tiefer Gong.
„Bitte alle aufstellen!", ruft Martina in die Runde. „Es geht in ein paar Minuten los."
Papa schnappt sich seinen Rucksack und stellt sich an den äußersten Rand der Bühne.
Suse verkriecht sich noch weiter hinter die großen Kartons. Nur so weit, dass sie alles genau beobachten, aber niemand sie sehen kann.
Papa tut ihr ein bisschen leid, denn er schaut sich suchend um. Doch nun kann Suse nicht mehr aus ihrem Versteck. Wenn der Vorgang aufgeht, würden alle Zuschauer sie sehen und das will sie nicht.
Alle Kinder rennen auf ihre Plätze. Suse weiß, dass die Schnecke und der Grashüpfer dicht an der Wiesenlandschaft stehen. Sie kennt die Aufstellung in- und auswendig und hält den Atem an. Bloß nicht verraten.
„Hoffentlich weiß ich meinen Text noch", flüstert die Schnecke.
„Und hoffentlich kann ich den Tanz", murmelt der Grashüpfer.
„Mir ist schlecht", wimmert die Schnecke. „Ich glaube, ich muss gleich spucken."
„Schau, wie meine Knie zittern", jammert der Grashüpfer, „und in meiner Brust spielt jemand Schlagzeug."
„Oh je", platzt es aus Suse. Sie hält sich schnell die Hand vor den Mund. Ihr Versteck darf nicht auffliegen.

„Du, wir haben Lampenfieber", sagt die Schnecke. „Das hat Mama mir erklärt." Suse hört ein Kichern.
„Wo ist eigentlich der Glitzer-Marienkäfer?", fragt plötzlich der Grashüpfer. „Wir brauchen doch Suse für den Solo-Tanz."
Suse erschrickt und fühlt sich ertappt. Aber sie kann nicht mitmachen. Ihr ist ja schließlich schwindelig.
Moment mal! Suse kneift die Augen fest zusammen und öffnet sie. Danach schließt sie sie erneut und macht sie wieder auf. Nein! Schwindelig ist ihr nicht mehr so doll. Nur noch ein kleines bisschen.
Sie schaut auf ihre Hände. Okay, ja, die zittern etwas und auch ihr Hals ist ein wenig trocken, aber das stört Suse auf einmal nicht länger. Auch der Trommelwirbel in ihrer Brust kümmert Suse nicht. Es fühlt sich jetzt eher so an, als würde ihr Herz freudig hüpfen und Salto machen.
Und plötzlich ist sie wieder da. Die Lust und die Freude auf die Aufführung. Mit all ihren Kindergartenfreunden und ihrer Lieblingserzieherin Martina. Da lässt sich das Lampenfieber aushalten. Außerdem ist Suse damit nicht allein. Den anderen, zumindest der Schnecke und dem Grashüpfer, das weiß sie jetzt, geht es genauso wie ihr. Sie nimmt all ihren Mut zusammen und kommt aus ihrem Versteck.
„Ich bin schon da", flüstert Suse. Sie rennt schnell auf ihren Platz und stellt sich zwischen den Grashüpfer und die Schnecke. Suse schaut zum Grashüpfer und schmunzelt.
Und Papa? Der steht grinsend am Rand und streckt beide Daumen in die Höhe. Suse winkt ihm zu und wartet mit einem breiten Lächeln auf dem Gesicht, dass die hohen, roten Samtvorhänge aufgehen.

STEPHANIE VIFIAN

Du bist was ganz Besonderes

„Achtung!“

Nico bleibt stehen und sieht sich um. Wer hat da gerufen? Die Oma vor ihm ist viel zu weit weg und der Mann mit der Einkaufstasche in der Hand läuft ins Haus. Sonst ist da niemand. Nico zuckt mit den Schultern und will weiterlaufen.

„Hey du, pass auf, wo du hinläufst.“

Nicos Herz klopft schneller. Die Stimme kam von unten. Da sind nur Steinplatten und Laub. Einzelne Grasbüschel drücken sich zwischen den Steinen hervor. Ein Marienkäfer fliegt hoch und ist schwuppdiwupp verschwunden.

„Ja, hier. Bist du blind?“
Nico bückt sich und starrt auf die Blätter vor seinen Turnschuhen.
„Ja, noch ein Stück näher. Ich glaub, du brauchst ’ne Brille.“
Am Boden, halb versteckt unter einem großen Blatt, bewegt sich ein Regenwurm. Es sieht so aus, als ob ihn das Tier ansieht. Nico tippt sich mit dem Finger an die Stirn. Der kann doch nicht…
„Ja, ich rede mit dir. Glotz nicht so. Hast du noch nie einen Regenwurm sprechen gehört?“
Nico schüttelt den Kopf.
„Du wärst fast auf mich getrampelt. Schau gefälligst, wo du deine riesigen Latschen hinsetzt.“
„Entschuldigung. Ich wusste nicht…“, stottert Nico.
„Ja, ja, hab’s ja gesehen. Ich muss jetzt weiter. Hab schon viel zu viel Zeit mit dir vertrödelt.“

„Können alle Regenwürmer sprechen?“ Nico kniet sich hin und beugt sich vornüber. Vielleicht ist der Regenwurm eine verzauberte Fee? Obwohl er sich diese freundlicher vorstellt und die Brummstimme eher seinem Opa ähnelt. Wenn das nun eine Hexe oder ein böser Zauberer ist? Schnell springt er auf und weicht zurück.
„Was ist los? Hast du Angst vor mir?“ Ein glucksendes Lachen ertönt, als ob der Regenwurm Schluckauf hätte.
„Angst vor dir? Sicher nicht.“ Nico geht mutig einen Schritt auf ihn zu. Ein großer Zauberer würde sich bestimmt nicht in einen kleinen Wurm verwandeln, um dann zertreten zu werden.
„Bist du ein Zauberer?“
„Wie kommst du denn da drauf? Siehst du hier auf meinem Kopf einen Zauberhut? Du musst echt mal zum Sehtest.“
„Wieso kannst du dann reden? Bist du eine Hexe?“
„Hör ich mich an wie eine Frau? Ich bin ein Männchen, so wie du.

Ich frag ja auch nicht, ob du ein Mädchen bist."
Nico lässt den Kopf hängen. Vor seinen Füßen liegt ein großer Kieselstein. Nico schießt ihn mit voller Wucht weg. Er fliegt über die Straße und klackt gegen ein Auto.
„Mist!" Rasch schaut Nico in alle Richtungen. Zum Glück hat ihn niemand gesehen.
„Ich ... alle sagen, ich bin ein Mädchen, aber ich will lieber Fußball spielen und kurze Haare haben. Röcke mag ich auch nicht."
Eine Träne kullert ihm übers Gesicht. Er wischt sie mit dem Ärmel weg.
„Das ist doch nicht schlimm. Wo liegt das Problem?"
„Papi will, dass ich meine Haare wachsen lasse, und Mami kauft mir immer so doofe Kleider."
„Wieso sagst du nicht, dass du lieber Hosen trägst?"

Nico zuckt mit den Schultern. „In der Schule schauen mich die Mädchen auch komisch an."
„Hey, nicht traurig sein. Mir gefällst du. Ich finde, du bist ganz was Besonderes."
„Woher willst du das wissen? Du kennst mich gar nicht."
„Das stimmt, aber das ist doch jeder."
„Jeder ist besonders?"
„Ja klar. Meine Schwester zum Beispiel ist etwas kurz. Ein schrecklicher Unfall mit einem Spaten. Deshalb ist sie nicht schlechter oder unschöner. Sie ist immer noch wunderbar. Niemand ist so kurz wie sie. Mir sagen sie alle, dass ich besonders viel rede und mich überall einmische."
Nico lacht. „Ja, das finde ich auch."
„Okay, okay, das stimmt wohl. Du bist ein Mädchen, das gern Fußball spielt und Hosen trägt. Das ist superbesonders. Wie heißt du überhaupt?"
„Nico. Na ja, eigentlich heiße ich Nicola."
„Nico – der Name ist klasse!"
„Den habe ich mir selbst ausgedacht", sagt Nico und grinst.
„Cool."

„Komisch. Jetzt finde ich das gar nicht mehr schlimm, anders zu sein."
„Du bist nicht anders, du bist du. Niemand ist so besonders wie du. Ich kenne Regenwürmer, die meinen, ich bin dumm, weil ich mit Menschen rede. Na und, so bin ich halt. Echte Freunde mögen dich so, wie du bist. Du solltest deinen Eltern sagen, dass du lieber Hosen trägst und kurze Haare hast."
„Hey, Nico", ertönt eine Stimme hinter ihm.

Nico dreht sich um. Laura und Kelly aus seiner Klasse rennen auf ihn zu.
„Was machst du da?“, fragt Kelly.
„Ich unterhalte mich mit dem Regenwurm.“
Kelly lacht. „Du bist echt seltsam. Komm, Laura, wir gehen.“
Laura bleibt stehen und hockt sich neben Nico. „Geh du nur. Ich will hören, was der Regenwurm sagt.“
„Spinnst du? Ich verschwinde.“
„Mach doch. Ich bleib hier.“
„Du passt ja super zu dem Spinner da“, sagt Laura und hüpft lachend den Bürgersteig entlang.
„Tschüss, Kelly“, ruft Laura ihr nach. Dann lächelt sie Nico an. Nico wird ganz warm ums Herz.
„Redet er echt?“, fragt Laura.
„Was denkst du denn, Fräulein“, protestiert der Regenwurm.
Laura zuckt erschrocken zurück.
Nico greift nach ihrer Hand. „Du musst keine Angst haben. Eigentlich ist er ganz nett.“
Es sieht fast so aus, als ob ihm der Wurm zuzwinkert.
„Siehst du“, sagt der Regenwurm, „manche mögen dich und manche nicht. Bleib immer du selbst. Du bist besonders, genauso wie du bist.“

XENIA GIDAY

Der Neue vom Bolzplatz

„Aua!“ Otto fasste sich an den Kopf. Der Schuss hatte gesessen.
„Ups. Sorry!“, rief eine Mädchenstimme.
Das Mädchen kam näher und wedelte mit den Händen.
„Tut’s doll weh?“
„Ehm …“ Otto blinzelte. „Ne, ne, geht schon.“ Das Mädchen hatte die schönsten schwarzen Zöpfe, die er je gesehen hatte.
Otto hob den Ball auf und reichte ihn ihr.
„Dann ist ja gut. Und danke.“ Sie lächelte, drehte sich um und rannte zurück zur Fußballmannschaft.
Ottos Kopf schmerzte ein wenig. Er trottete nach Hause. Im Wohnzimmer traf er Papa an.

„Und, hast du das Dorf weiter erkundet?“, fragte Papa.
„Ich war auf dem Bolzplatz.“
„Du warst Fußball spielen? Siehste, hab ich doch gesagt. Du findest schnell neue Freunde.“ Papa hob seine Hand zum Abklatschen.
Otto zögerte einen Augenblick und schlug dann ein. Wenn Papa wüsste. Aber wenn er glücklich war, wollte es Otto auch sein. Doch sein Bauch sagte etwas ganz anderes.
Dieses Mal machten sie keinen Urlaub bei Papas Schwester, das war klar wie Kloßbrühe. Schließlich hatte er die beiden im Frühling heimlich belauscht. Tante Michaela wollte Papa mit ihm helfen, weil Mama im Himmel wohnte. Keine Ahnung, was sie damit meinte. Er war doch schon groß und brauchte keine Hilfe mehr. Jedenfalls packten er und Papa sehr viele Umzugskartons und jetzt lebten sie seit ein paar Tagen auf Tante Michaelas Bauernhof. Und mit ihnen zehn Hühner, ein Hahn, acht Kaninchen, zwei Pferde, ein Pony, drei Katzen, zwei Hunde und ganz viele Kühe. Das Leben auf dem Bauernhof gefiel Otto. Auch das Dorf mochte er. Der kleine Supermarkt hatte Eis, die Schule war nicht besonders groß und der Bolzplatz direkt um die Ecke. Was er aber doof fand, war, dass er allein war. Er kannte niemanden. Der Versuch, auf dem Bolzplatz neue Freunde zu finden, ging gehörig in die Hose. Er traute sich wie immer nicht, die Kinder anzusprechen. Otto hielt sich den Kopf.
„Alles klar?“, erkundigte sich Papa, während er den letzten Karton ausräumte.
„Ja, logo“, antwortete Otto schnell. Doch nichts war klar. Ihm dröhnte der Kopf. Nicht nur, weil er sich vorhin auf dem Bolzplatz zu spät geduckt und dadurch den Fußball voll abbekommen hatte. In einer Woche waren die Sommerferien zu Ende. Er kam in die neue Schule, in eine fremde Klasse und hatte keine Freunde.

Am nächsten Morgen schlurfte Otto erneut zum Bolzplatz. Er stellte sich an den äußersten Rand der Rasenfläche und beobachtete aus sicherer Entfernung die Kinder beim Fußballspielen. Das Mädchen mit den schwarzen Zöpfen war ebenfalls wieder dabei. Sie flitzte wie ein Düsenflieger und ließ ihre Verfolger weit hinter sich. Ein Junge mit feuerroten Haaren stand im Tor. Er war richtig gut und hielt jeden Schuss, auch den kräftigen von dem Mädchen mit dem Lockenkopf. Der Junge mit der kurzen Arbeiterhose war so flink mit dem Ball, dass er einige Kinder auf dem Platz austrickste. Keiner auf dem Platz stellte sich ungeschickt an. Otto schaute zu Boden. In seinem Bauch waren heute wieder besonders viele Steine. So gerne würde er mitmachen. Dafür müsste er fragen. Aber was, wenn sie ihn nicht mitspielen ließen? Oder wenn er für sie zu schlecht spielte und sie ihn auslachten? Er blieb lieber da, wo er stand, und schaute zu.

„Hey du. Aufwachen“, witzelte eine Stimme.

Otto hob den Kopf.

Das Mädchen mit den schwarzen Zöpfen nahm den Ball, der vor seinen Füßen lag und sprintete zurück auf den Platz.

Er hatte sich wohl mal wieder weggeträumt. Otto drehte sich um und schlenderte in Richtung Bauernhof.

Am nächsten Tag standen erneut dieselben Kinder auf dem Bolzplatz und spielten ausgelassen Fußball. Es wurde gekickt und Tore wurden geschossen. Sie stritten sich, ob es ein Elfmeter war oder nicht, und vertrugen sich wieder. Es wurde gelacht und sich abgeklatscht.

Otto schluckte, schluckte ein zweites Mal. Trotzdem fühlte es sich so an, als würde ihm sein Frühstücksbrötchen noch im Hals stecken. Wieso traute er sich nicht zu fragen, ob er mitspielen durfte? Gestern beim Abendbrot hatte er sogar Papa angeflunkert. Er wollte wissen, ob Otto sich am nächsten Tag wieder auf dem Bolzplatz mit seinen neuen Freunden zum Fußballspielen treffen würde. Dabei hatten seine Augen mit der Sonne um die Wette gestrahlt. Otto mochte es nicht, wenn Papa sich Sorgen um ihn machte, und hatte die Frage bejaht. Es war nicht ganz gelogen. Er würde ja zum Bolzplatz gehen ... aber Fußball spielen mit neuen Freunden? Otto setzte sich ins Gras und ließ den Kopf hängen. Auf dem Gänseblümchen landete ein Marienkäfer, dicht gefolgt von einem zweiten. Otto beobachtete die beiden. Ihr seid wohl Freunde, dachte er. Und wieder waren sie da, die vielen Steine im Bauch.

„Hast du auch einen Namen?"
Otto blickte hoch. Vor ihm stand das Mädchen mit den schwarzen Zöpfen. Er sprang auf.
„Ot..." Ihm wurde warm. „Ich heiße Otto."
„Cool. Ich bin Samira." Sie lächelte. „Bist du neu hier oder machst du Urlaub?", fragte sie neugierig.
„Ich bin ..."
„Hey, Samira, Quatschen ist später. Hol den Ball und weiter geht's", rief der Junge mit den roten Haaren.
„Stress nicht, Paul", antwortete Samira, „bin schon unterwegs." Sie griff nach dem Fußball. „Sorry, meine Fußballkünste werden gebraucht." Samira kicherte. „Bis später, Otto."
Otto schaute ihr nach. So gerne würde er wieder mit anderen Kindern kicken. In seinem alten Zuhause war er täglich auf dem Fußballplatz gewesen und hatte gemeinsam mit den Kindern aus seinem Stadtteil gespielt. Und so schlecht war er nicht, er könnte vermutlich sogar mithalten. Er müsste sich nur endlich trauen zu fragen. Otto bohrte mit dem Turnschuh in einen Maulwurfshügel.

Als das Fußballspiel zu Ende war, machte er sich auf den Weg nach Hause.
„Hey, warte mal."
Die Stimme kam ihm bekannt vor. Er blieb stehen und drehte sich um.
„Und? Neu oder Urlaub?" Samira stand vor ihm und grinste.
„Äh ... neu", antwortete Otto und sah auf seine Füße.
„Ich war auch mal neu hier."
„Echt?" Sie gingen nebeneinanderher. „Das merkt man gar nicht", sagte Otto. „Du gehörst voll dazu."
„Doch war ich. Wir sind vor einem Jahr aus Brasilien hergezogen."
„Brasilien? Wo ist das?"
„Das ist in Südamerika. Wir sind ganz lange mit dem Flugzeug geflogen. Und wo kommst du her?"
„Nicht von so weit. Papa und ich sind mit dem Auto vier Stunden gefahren. Wir sind vor ein paar Tagen zu meiner Tante Michaela gezogen. Wir wohnen auf dem Bauernhof hier gleich um die Ecke."
„Da wo das Pony und die Pferde sind?" Samira strahlte wie ein kleines Kind, das einen Lolly geschenkt bekam.
„Genau da." Otto freute sich. „Magst du Pferde?"
„Ja, total. Aber ich ..." Samira stockte. „Wie alt bist du eigentlich?"
„Ich bin sieben. Im Herbst werde ich acht. Und du?"
„Cool, ich werde im Herbst auch acht. Dann kommst du ja in meine Klasse." Samiras Augen leuchteten.
Und Otto spürte, wie ein paar Steine in seinem Bauch verschwanden. Er schmunzelte.
Vor dem Bauernhof blieb er stehen.
„Hier wohne ich. Möchtest du die Pferde streicheln?"
„O ..." Samira zögerte. „Okay. Cool."
Sie gingen zur Pferdekoppel und stoppten am Gatter. Otto pfiff und das Pony kam sofort.

Samira zuckte und wich einen großen Schritt zurück.
Otto linste zu ihr rüber.
„Du musst deine Hand ganz flach ausstrecken. Dann kann Mini an dir schnuppern. Streicheln kannst du sie hier, zwischen Augen und Nüstern. Das mag Mini besonders gerne.“ Otto machte es ihr vor.
„Beißt sie nicht?“
„Nee, Mini ist lieb. Du brauchst keine Angst haben. Und ich bin ja da.“
„Okay, ich versuch's.“ Samira ballte die Fäuste. „Mit Tieren bin ich immer etwas ängstlich. Aber jetzt bin ich mutig.“ Sie lächelte und streichelte Mini, so wie er es ihr gezeigt hatte.
Sie verbrachten den restlichen Nachmittag mit Mini. Otto brachte Samira bei, wie man ein Pony striegelt und es führt.

„Kommst du morgen zum Bolzplatz und spielst mit?", fragte Samira, als sie sich verabschiedeten. „Du brauchst keine Angst haben, die Kids sind alle voll in Ordnung." Sie zwinkerte. „Und ich bin ja da."
„Mmh." Otto zögerte und rieb sich die Wangen. Ihm war ganz warm. „Okay, ich versuch's", antwortete Otto und klatschte mit Samira ab.
Am nächsten Morgen standen alle Kinder auf dem Bolzplatz. Paul und Samira machten Piss Pott, um die Mannschaften einzuteilen. Gerade noch rechtzeitig, dachte Otto. Er nahm seinen ganzen Mut zusammen, so wie Samira gestern bei Mini, und rannte zu ihnen auf den Platz. Er schaute zu Samira.
Sie lächelte aufmunternd und streckte die Daumen hoch.
„Hi! Ich bin der Neue", platzte es aus ihm heraus. „Ich bin Otto. Darf ich mitspielen?" Er merkte sofort, dass Paul ihn scannte. Es war so ein „Kannst du denn überhaupt Fußballspielen?"-Blick. Otto spürte, wie sich wieder ein paar Steine in seinem Bauch einnisteten und sah unsicher in die Gesichter.
„Klaro", antworteten Samira und der Junge mit der kurzen Arbeiterhose gleichzeitig.
„Klaro." Das Mädchen mit dem Lockenkopf stupste Otto vorsichtig in die Seite und grinste.
Die anderen Kinder der Dorf-Fußballmannschaft nickten zustimmend und Paul schob noch schnell ein „Klaro" hinterher.
„Cool." Otto schmunzelte und schielte zu Samira.
„Wer ist dran mit Wählen?", fragte Paul.
„Ich", sagte Samira, „und ich wähle Otto."
Otto strahlte vom linken bis zum rechten Ohr.
Alle Steine in seinem Bauch lösten sich augenblicklich in Luft auf.

STEPHANIE VIFIAN

Noah und die Einschulung

Noah presste die Schultüte an sich. Seine Nasenspitze berührte das Marienkäferbild, das er darauf geklebt hatte. Oma hatte ihm die größte Tüte gekauft, die es gab. Sie war so riesig, dass er das Gesicht dahinter verstecken konnte. Das blöde war nur, dass er nicht sah, was da vorn vor sich ging.
Vorsichtig schielte er auf den Schulhof. Mädchen und Jungen standen dort mit ihren Eltern. Es waren so viele Kinder und sie machten ihm Angst. Sicher würden sie ihn auslachen wie all die anderen, wenn sie sein Muttermal sahen.
Wieso durfte er nicht zu Hause bleiben, wie sein Bruder Ben?

Der hatte es schön. Oma las ihm bestimmt seine Lieblingsgeschichte vor und er musste nicht in die doofe Schule.
Eine Glocke ertönte. Noah erschrak. Schnell griff er nach Mamis Hand. Die Schultüte umklammerte er mit dem anderen Arm.
Mami lächelte ihm zu. „Keine Angst, das ist die Schulglocke. Jetzt dürfen wir rein."
„Ich will nicht", nuschelte er und kickte einen Stein weg. „Kann ich nicht zusammen mit Ben in die Schule?"
Mami seufzte und ging vor ihm in die Hocke. Liebevoll strich sie ihm über die Wange. „Du bist doch mein Großer und die Schule wird dir sicher gefallen. Da findest du neue Freunde."
„Ich will keine Freunde. Ich habe Ben." Er presste die Lippen aufeinander.
Nur nicht heulen. Die Tränen juckten und wollten raus. Er wischte sich mit dem Ärmel über die Augen.
Mami stand auf und nahm seine Hand. „Komm."
Er ließ sich mitschleifen und presste die Tüte gegen das Gesicht. Niemand sollte den doofen Fleck sehen. Mami und er waren die Letzten, die das Klassenzimmer betraten.
Mami blieb neben der Tür stehen und Noah versteckte sich hinter ihr.
„Sucht euch einen Platz aus und setzt euch", sagte eine Frau mit einer fröhlichen Stimme, die ähnlich klang wie Mamis.
Einige grölende Jungs und Mädchen sprangen durch den Raum und plumpsten auf die Stühle. Andere zögerten und schlichen durch die Reihen.
Noah bewegte sich nicht. Vielleicht würde die Frau ihn übersehen und er könnte mit Mami wieder nach Hause. Er schob sich noch ein Stück weiter hinter Mamis Beine.
Plötzlich stand die Frau vor Mami und schaute zu ihm herunter. „Ich bin Frau Lustig und wer bist du?"
War sie wirklich lustig? Machte sie Späße wie Papi?

Frau Lustig lächelte und streckte ihm die Hand entgegen. Nein, er wollte nicht mit ihr gehen. Da konnte sie noch so lustig sein. Schnell drehte er sich um und schaute die Wand an.
„Ich bin Frau Lustig, eure Lehrerin."
Die Stimme entfernte sich. Hieß das, er durfte nach Hause? Vorsichtig spähte er hinter Mamis Beinen hervor.
Mami wuschelte ihm über die Haare.
Er sah zu ihr hoch.
Sie schaute zu den Kindern.
Noah folgte ihrem Blick. Am Schultisch saß ein Mädchen. Auch sie hatte eine große Schultüte, nur war ihre lila und nicht grün wie seine.
Sie lächelte ihn an. Dann sah sie wieder zu Frau Lustig, die etwas an die Tafel kritzelte.
Noah kannte die Buchstaben. Oma hatte sie ihm beigebracht. Sie wurde immer so schnell müde und er wollte doch wissen, wie die Geschichte ausging. Er konzentrierte sich und schaute nach vorne. L U S T I G, las er. Er lachte und zog Mami am Ärmel.
Sie beugte sich zu ihm herunter.
Er flüsterte: „Da steht ihr Name, Frau Lustig."
„Richtig. Siehst du, es ist Zeit für dich, zur Schule zu gehen. Da lernst du noch mehr und dann kannst du Ben vorlesen, wenn Oma nicht da ist."
Das wäre natürlich schon toll. Er las recht langsam. Nach einigen Worten langweilte es Ben und er lief weg.
„Schau mal, das Mädchen", sagte Mami und nickte in ihre Richtung. „Sie sieht nett aus und neben ihr ist noch ein Platz frei."
Noah zögerte. Frau Lustig schien okay zu sein und Ben würde es toll finden, wenn er besser lesen konnte. Er nahm allen Mut zusammen. Mit der Schultüte verdeckte er die Hälfte seines Gesichts und lief zum Stuhl. Eilig setzte er sich.

Die Tüte hielt er zwischen sich und dem Mädchen.
„Hallo, ich bin Hanna und wer bist du?“
„Noah“, murmelte er und schaute sie nicht an.
„Willst du die Schultüte nicht auf den Tisch legen?“, flüsterte sie.
„Nee.“
Frau Lustig verabschiedete die Eltern und bat sie, draußen zu warten.
Noah winkte Mami mit einer Hand zu. Fast wäre die Tüte dabei umgekippt. Hastig umklammerte er sie wieder.
„Noah“, rief Frau Lustig, „bitte leg die Schultüte auf den Tisch. Ich teile Blätter aus und dann könnt ihr ein Bild von eurem ersten Schultag malen.“
Noah schaute sich um. Was sollte er jetzt machen?
„Ich helfe dir“, sagte Hanna und griff nach der Tüte.
„Nein“, rief Noah, aber Hanna hatte sie bereits zur Seite gedrückt. Er starrte sie an. Gleich würde sie ihn auslachen. Doch sie lächelte nur. Sah sie es nicht?

Frau Lustig verteilte Blätter und Stifte.
Noah stützte sein Gesicht mit der rechten Hand und versteckte so das Muttermal. Blöd war nur, dass er jetzt mit links malen musste. Irgendwie ging das nicht. Der Stift machte nicht das, was er von ihm wollte. Er beugte sich tief übers Papier und malte mit der Rechten. Die konnte das viel besser. Als die Glocke schellte, fuhr er erschrocken hoch.
„Das ist eine tolle Schultüte", sagte Hanna und zeigte auf sein Bild. „Schau dir meins an." Sie hielt ihm ihres hin.
Noah erkannte Hanna mit der lila Tüte in den Händen zwischen ihren Eltern. „Das gefällt mir", rutschte es ihm raus.
Hanna lächelte ihn an. „Willst du mein Freund sein?"
Noah starrte sie an. Sah sie es nicht? Sein großes dunkles Muttermal?
„Willst du nicht?", fragte sie traurig.
„Doch", nuschelte er und sie lachte.
„Ihr dürft jetzt auf den Pausenhof", sagte Frau Lustig. „Dort warten eure Eltern und die Kinder der vierten Klasse führen noch etwas auf. Die Zeichnungen könnt ihr mir abgeben."
Hanna klemmte ihre Schultüte unter einen Arm und streckte ihm die andere Hand entgegen.
Eilig packte er seine Tüte vom Tisch und sah Hanna an. Dann umfasste er vorsichtig ihre Hand und gemeinsam hüpften sie aus dem Klassenzimmer.

XENIA GIDAY

Der verbotene Heimweg

Fiona zögerte nur einen klitzekleinen Augenblick und dann öffnete sie vorsichtig das niedrige Holztor. Eigentlich war das Betreten der Rasenfläche verboten, zumindest stand es so auf dem großen Schild direkt am Rand des Sportplatzes. Aber es war doch nur Rasen. Außerdem ging Fiona lieber das Risiko ein, vom Schulhausmeister angemeckert zu werden, als allein am Haus in der Schulstraße 32, Ecke Sportplatz vorbeizulaufen. Dieses Haus hatte es in sich. Dort trennte ein hoher Metallzaun das Grundstück vom Gehweg und ein gelbschwarzes Schild am Gitter warnte eindringlich: Vorsicht! Hier wache ich!
Der Hund auf dem Schild schaute freundlich. Was man von dem Hund hinter dem Zaun leider nicht behaupten konnte. Der sprang sofort an das Gitter, sobald man sich seinem Grundstück näherte. Er sprang nicht nur hoch wie ein Flummi. Nein, er bellte und fletschte die Zähne. Er war riesengroß mit braunem Fell. Fiona und ihre Freundinnen hatten schreckliche Angst vor diesem Ungeheuer und liefen immer auf der gegenüberliegenden Straßenseite. Sicher war sicher. Sie verstanden nicht, wer freiwillig ein so bissiges und böses Tier zu Hause hielt.
Fiona schritt durch das Holztor. Ihr Herz pochte. Sie ging zwar nicht zum ersten Mal unerlaubterweise die Abkürzung über den Sportplatz – aber zum ersten Mal ganz allein.

Marie war von ihrer Oma abgeholt worden und Lena hatte nach der dritten Stunde Schulschluss und musste mit ihrer Mutter zum Zahnarzt. Fiona war nicht nur aufgeregt, sie war auch ein wenig stolz.
Immerhin war sie sieben und ein Schulkind.
Lächelnd betrat sie die Rasenfläche des Sportplatzes und hüpfte los.
Die Sonne strahlte vom Himmel und kitzelte Fionas Nase. Es roch nach Frühling und ein Meer kleiner, weißer Gänseblümchen schmückte den Rasen. Noch, denn bald würde die Fußballsaison beginnen und das Leben der Gänseblümchen hätte ein schreckliches Ende. Der Rasenmähertraktor des Hausmeisters würde im Nullkommanix die Blüten abrasieren. Schade eigentlich.
Fiona blieb stehen und schaute sich um. Zum Glück war weit und breit kein Hausmeister zu sehen. Puh, die Sonne hatte schon eine ziemliche Kraft. Fiona wischte sich über die Stirn.
Sie nahm den Ranzen vom Rücken, zog sich die Jacke aus und band sie sich um die Hüften. Ja, das fühlte sich deutlich besser an. Fiona blickte zum Himmel. Es war keine einzige Wolke zu sehen. Nur blau und ein großes, grelles Gelb. Fiona blinzelte.
„Danke, liebe Sonne!", rief sie. „Heute ist mein Glückstag!"
Von der wunderbaren Frühlingsstimmung hatte sich auch Frau Meyer anstecken lassen und am Ende des Schultages verkündet: „Heute lautet die Hausaufgabe: draußen in der Sonne spielen und Spaß haben!"
Fiona griff nach ihrem Ranzen und entdeckte einen Marienkäfer, der auf dem grasgrünen Henkel saß.
„Wo kommst du auf einmal her?" Fiona betrachtete das kleine Tierchen genauer. „Wie viele Punkte hast du denn? Eins, zwei, drei …"
Plötzlich! Ein lautes, tiefes Bellen!
Fiona zuckte zusammen und schaute auf.
„Ach du Kacke!" Sie erstarrte.

Da – er kam in einem Affentempo auf sie zu gerannt.
Er – von dem gelbschwarzen Schild am Metallzaun.
Er – von der Schulstraße 32, Ecke Sportplatz.
Er – das Ungeheuer!
Fiona blickte sich hilfesuchend um. Sie stand mitten auf dem Sportplatz. Kein rettender Baum in Sicht. Keine anderen Kinder. Kein Besitzer.
Nur sie – ganz allein.
Ich bin ihm ausgeliefert. Ich bin sein Mittagsimbiss.
Fiona rann der Schweiß die Stirn hinunter. Ihr Hals war trocken, ihr Herz klopfte so schnell, wie eine Rakete fliegen kann.
Das Bellen kam näher.
Ich brauche einen Plan.
Und zwar ganz fix!
Sie öffnete blitzschnell ihren Schulranzen.
Einen Augenblick habe ich noch. Bloß nicht in Panik verfallen.

Zitternd kippte sie den Ranzen kopfüber aus. Zwischen den ganzen Schulheften und Büchern strahlte ihr die gelborange Brotdose entgegen.
„Jetzt geh schon auf“, wimmerte Fiona und nestelte hastig am Verschluss der Dose.
„Endlich!“ Sie riss den Deckel auf.
Das Salamibrot. Meine Rettung!
Zum Glück hatte sie heute Morgen wenig Appetit gehabt. Fiona schnaubte vor Erleichterung.
Das Bellen verstummte abrupt.
Fiona nahm eine Salamischeibe vom Brot und ... sah direkt in das hechelnde, sabbernde Hundegesicht. Ihre Knie schlotterten um die Wette.
Doch dann sprudelten plötzlich die Worte aus ihr heraus:
„Hallo, Ungeheuer! Na, bist du ausgebüxt? Ja, hast du Hunger? Schau, ich hab was Feines für dich.“ Dabei hielt Fiona die Wurstscheibe in die Luft. „Sitz!“
Ungeheuer setzte sich tatsächlich sofort hin und legte den Kopf schief.
Fiona war verdutzt. „Okay, das hat schon mal geklappt.“
Sie ließ die Salamischeibe hin und her baumeln und beobachtete dabei den Hund. Sein Blick haftete wie Kaugummi an dem Leckerbissen. Sabber lief ihm aus dem Maul und tropfte auf den Rasen.
„Hier.“ Fiona lachte und warf ihm die Wurstscheibe hin, die er sofort verputzte.
„Na, war die lecker?“ Sie schmiss ihm gleich eine zweite zu.
„Ja, wie heißt du denn? Mmh ... Ungeheuer passt irgendwie gar nicht“, stellte sie erstaunt fest. „Du bist ja ganz lieb.“
Ihm schien auch die dritte Salamischeibe zu schmecken, die Fiona ihm gab. Er leckte sich über die Schnauze, ließ seine Zunge hängen und hechelte.
Seine scharfen Zähne blitzten.
Er kam einen Schritt auf sie zu.

Fiona schluckte.
Seine Schnauze näherte sich ihren Fingern.
Schnell verschloss sie die Hand zu einer Faust. Vorsichtig schnupperte er an ihr und dann ... spürte sie etwas Kaltes, Feuchtes. Seine Nase kitzelte.
„Was machst du denn da?“ Fiona kicherte. Der Hund presste seine Zunge in ihre Faust.
„Ey, meine Hand ist doch keine Salami.“ Sie öffnete die Faust und wischte sich die Hand an der Hose ab.
„Ich wusste gar nicht, dass Hundezungen so rau sind. Aber dein Fell, das ist bestimmt nicht rau. Ob ich dich streicheln darf?“
Sie berührte seinen großen Kopf und strich behutsam darüber.
„Du bist so weich und flauschig wie ein kuscheliger Teddybär.“
Er legte den Kopf etwas schief und genoss die ausgiebige Streicheleinheit.
„So, du Teddybär, jetzt muss ich los. Ein Leckerli hab ich aber noch.“ Fiona gab ihm zum Abschied die letzte Salamischeibe. Dann packte sie schnell ihre Schulsachen in den Ranzen ein, setzte ihn sich auf den Rücken und schaute den Hund mit den großen, braunen Kulleraugen an.
„Tschüss, du Lieber!“ Fiona streichelte ihm ein letztes Mal über den Kopf. Dann drehte sie sich um und ging.
Ein lautes, tiefes Bellen stoppte Fiona. Sie blickte sich um. Der Hund lief ihr hinterher und wedelte freudig mit dem Schwanz. Fiona lachte.
„Okay, du Teddybär, dann gehen wir ein Stück zusammen.“
Der Hund folgte Fiona und tapste dicht neben ihr her. Bis zur Schulstraße 32, Ecke Sportplatz. Dort blieb er an der Hauswand vor der offenen Gartentür stehen und schaute zu Fiona hoch.
„Bis morgen, mein Freund!“, sagte sie und wuschelte ihm über den Kopf.
Schnell machte sich Fiona auf den Heimweg. Sie musste unbedingt Marie und Lena anrufen.

STEPHANIE VIFIAN

Sinterklaas und Amerigo

„Das ist Anna“, sagt Frau Meester zur Klasse.
Anna schaut in die vielen fremden Gesichter und atmet den blumigen Duft der Lehrerin ein.
„Anna kommt aus der Schweiz. Ihre Mutter ist Niederländerin und hier in Amsterdam geboren. Daher spricht Anna unsere Sprache. Ja, Mila, hast du eine Frage?“
„Darf Anna neben mir sitzen? Der Platz ist frei.“
„Das ist nett von dir“, antwortet Frau Meester.
„Hallo, ich bin Mila“, sagt das Mädchen, als Anna sich auf den freien Stuhl setzt. „Gehst du morgen auch zum Hafen, um den Sinterklaas zu sehen? Ich bin schon ganz aufgeregt.“
Anna schüttelt den Kopf.
„Warum nicht?“
„Ich ... Mein Bruder meint, dass euer Nikolaus die Kinder in den Sack stopft.“
„So ein Quatsch. Der ist nett und bringt Geschenke. Hast du Angst vor ihm?“
„Ein bisschen“, flüstert Anna.
„Ich beschütze dich“, sagt Mila und lächelt.

Am nächsten Morgen holen Mila und ihr Vater Anna ab.
Annas Eltern wollen die vielen Umzugskartons auspacken und ihr Bruder Alexander hat keine Lust, mitzukommen.

„Pass auf, dass der Sinterklaas dich nicht mit nach Spanien nimmt", flüstert Alexander ihr beim Abschied ins Ohr.
Soll ich lieber zu Hause bleiben, überlegt Anna. Doch als Mila ihre Hand packt, fühlt sich Anna schon besser.
Am Hafen warten bereits viele Kinder mit ihren Eltern. Einige sitzen auf den Schultern der Väter und halten Ausschau.
„Sinterklaas ist tagelang unterwegs. Spanien ist weit weg", erklärt ihr Mila. Sie schiebt sich durch die Besucher und zieht Anna hinter sich her.
Anna tritt fremden Menschen auf die Füße und entschuldigt sich. Ein Schluck Cola landet auf ihrem neuen Mantel. „Warten wir nicht auf deinen Vater? Ich sehe ihn nicht mehr."
„Ach, der sagt nur, dass ich nicht drängeln soll. Aber wir müssen ganz nach vorne, sonst fangen wir keine Süßigkeiten."
Anna will lieber nicht so dicht ran. Was, wenn Alexander recht hat und der Sinterklaas sie in den Sack stopft? Doch Mila zerrt weiter an ihr, bis sie hinter der eisernen Absperrung stehen.

„Da!", schreit Mila ihr ins Ohr. „Siehst du, da kommt sein Schiff!" Anna lehnt sich über das Gitter. Ein schwarzes Dampfboot nähert sich. Es ist mit bunten Wimpeln geschmückt und überall vom Boot winken ihnen farbig gekleidete Männer zu. „Wer sind die?", fragt sie Mila.

„Das sind die Pieten, die Helfer vom Sinterklaas. Er kann ja nicht alle Geschenke allein einpacken. Das würde er nie schaffen."

Ein lautes Tuten erschreckt sie. Das Schiff legt genau vor ihnen an. In großen Buchstaben steht „Pakjesboot 12" auf der Seite. Die Kinder schreien und winken. Auch Mila hüpft aufgeregt auf und nieder.

„Da ist ein Schimmel an Bord!", ruft Anna.

„Ja, das ist Amerigo. Er gehört dem Sinterklaas. Ich habe Angst vor Pferden, die sind so riesig. Und du?"

Mila fürchtet sich vor einem Tier. Das hätte Anna nicht gedacht. Mami hat Angst vor Spinnen und sagt, dass es okay ist, wenn man nicht immer mutig ist.

„Ich mag Pferde. Zu Hause hatte ich ein Pflegepony. Charlie. Wenn ich groß bin, will ich ein eigenes."

„Er kommt", ruft Mila aufgeregt.

In dem Moment verlässt der Sinterklaas das Schiff und begrüßt die Bürgermeisterin von Amsterdam. Dann steigt er auf Amerigo.

„Er ist wunderschön und mindestens sechs Jahre alt", sagt Anna.

„Woher weißt du das?"

„Die Besitzerin von Charlie hat es mir erklärt. Schimmel kommen nicht so auf die Welt. Sie werden mit der Zeit heller, manchmal weiß, wie alte Menschen."

Jetzt reitet der Sinterklaas an ihnen vorbei.

„Schau, ein Hufeisen hat sich gelöst!" Rasch quetscht sich Anna zwischen der Absperrung hindurch. Sie hebt es vom Boden auf und rennt dem Pferd hinterher.

„Halt, Mädel, das darfst du nicht“, schreit ihr ein Polizist zu. Anna stürmt weiter, bis sie kurz vor Amerigo stehenbleibt. Sie will ihn auf keinen Fall erschrecken.
„Ich glaube, du solltest nicht hier sein“, ertönt eine tiefe Stimme von oben.
Verängstigt schaut Anna hoch zu dem alten Mann mit dem langen Bart. Sie schielt zu dem großen Sack, der hinter ihm auf dem Rücken von Amerigo liegt. Jetzt steckt er mich sicher da hinein. Anna weicht einen Schritt zurück.
„Du brauchst keine Angst haben.“ Zu Annas Überraschung lächelt der Sinterklaas sie an.
„Amerigo hat ein Eisen verloren“, sagt sie mutig und streckt ihm das Hufeisen entgegen.

„So?“, fragt er erstaunt und steigt mit der Hilfe eines Pieten vom Pferd.
„Welches Bein ist es?“
„Das da“, antwortet Anna und zeigt darauf. Der Sinterklaas scheint gar nicht so böse zu sein, wie Alexander immer erzählt. Der alte Mann streicht Amerigo übers Hinterbein, bis das Pferd es anhebt.
„Das müssen wir beschlagen. Helferpiet, hol Pferdepiet. Der wird mit seinem Marienkäfer im Heu liegen und schlafen. Weck ihn. Rasch, die Kinder warten.“

Helferpiet nickt und eilt davon.
Während Pferdepiet das Hufeisen festmacht, unterhält sich der Sinterklaas mit Anna über die Schiffsreise. Dabei lacht er und hält sich seinen dicken Bauch.
Angst hat Anna keine mehr. Vor so einem netten Mann muss sie sich nicht fürchten. Sie schielt zu Mila, die ihr zusammen mit ihrem Vater zuwinkt.
„Fertig“, sagt Pferdepiet.
„Anna, das hast du toll gemacht. Vielen Dank. Möchtest du mit mir auf Amerigo sitzen und den Kindern Süßigkeiten zuwerfen?“
Anna strahlt. „Ja, sicher.“ Auf einem Pferd zu reiten, ist ihr größter Traum.
Sinterklaas steigt auf. Er reicht Anna eine Hand und Helferpiet stößt von unten, bis sie auf dem Rücken sitzt.
„Fertig?“
„Ja“, ruft Anna, greift in den Sack und wirft eine Handvoll des Naschzeugs genau in Milas Hände.

XENIA GIDAY

Felix und die Kellermonster

„Mama?", wisperte Felix und rieb sich die Augen. Er strampelte die Decke weg und setzte sich auf.

„Maaamaaa, ich muss mal", quengelte er.

Normalerweise ging Felix schon allein zum Klo, schließlich war er fünf, fast sechs. Aber heute wollte er Mamas Hilfe haben.

Felix wischte sich über die Stirn. Ihm war noch immer heiß. Er griff nach dem Glas auf dem Nachttisch und nahm einen kräftigen Schluck Wasser.

„Aua", jammerte Felix. Das Schlucken tat weh.

Plötzlich hörte er ein Brummeln. Er fasste sich an den Bauch. Da ... schon wieder dieses Brummelgeräusch. Eindeutig. Sein Bauch sagte ihm: „Hallo, ich bin auch noch da!“
„Maaamaaa“, rief Felix nun etwas lauter. „Ich habe Hunger!“ Er lauschte und wartete. Doch Mama antwortete nicht. Und dann war da plötzlich etwas ganz anderes im Bauch. Kein Hungergefühl und auch kein „Ich muss mal aufs Klo“-Gefühl. Es fühlte sich seltsam und komisch an. So, als würde im Kindergarten niemand mit ihm spielen wollen. Dieses Gefühl mochte Felix so ganz und gar nicht.
Er sah sich im Zimmer um. Es war ziemlich dunkel. Nur das Licht der Straßenlaterne schien durch das Fenster hinein. Doch halt! Das bedeutete ja: Es war schon spät! Felix verstand nun gar nichts mehr. Er hatte doch gerade erst mit Mama Mittag gegessen. Das Essen hatte ihm überhaupt nicht geschmeckt und er hatte fast nichts herunterbekommen. Er hatte so dolle Halsschmerzen gehabt. Jedes Schlucken fühlte sich an, als würde ein Vulkan in seinem Hals explodieren, hatte er Mama erklärt. Außerdem war ihm so heiß gewesen. Mama hatte mit der Hand seine Stirn gefühlt. „Ach herrje, ich glaube, du hast erhöhte Temperatur“, hatte Mama zu ihm gesagt. Sie hatte bei ihm Fieber gemessen, ihm geholfen seinen Schlafanzug anzuziehen und ihn dann ins Bett gebracht. Sie hatte ihm seine Lieblingsgeschichte vorgelesen und später beim Singen über seine Stirn gestreichelt.
„MA...“, brüllte Felix und fasste sich sofort an den Hals. Brüllen tat noch mehr weh als Schlucken.
„Wo bist du?“, krächzte er. Er horchte und wartete. Nichts. Er strengte sich besonders doll an, etwas zu hören. Doch nichts. Es war mucksmäuschenstill im Haus.
Seine Augen brannten. Er wischte sich schnell mit dem Schlafanzugärmel darüber und zog die Nase hoch.

Dann drückte er den Schalter seiner Nachttischlampe. Doch im Zimmer blieb es dunkel. Jetzt erinnerte er sich. Die Lampe war kaputt. Papa wollte schon längst eine neue Glühlampe besorgen. Doch Pustekuchen. Er hatte wohl noch keine Zeit gehabt. Felix schaute zum Fenster. Die Schneeflocken wirbelten um die Wette, wie schon seit Tagen.
Er setzte seine nackten Füße auf den Holzboden und stand auf. Jetzt war ihm nicht mehr heiß. Er fröstelte und rieb sich über die Arme. Durch das Licht der Straßenlaterne erkannte Felix die Umrisse seiner Legolandschaft. Auf Zehenspitzen tapste er vorsichtig im Slalom um die Legoritterburg, den Bauernhof und den Marktplatz. Er schlich zur Zimmertür und öffnete sie leise. Auf dem Flur war es genauso dunkel wie in seinem Zimmer. Und auch unten im Haus brannte kein Licht. Ob die Lampe im Wohnzimmer an war, konnte Felix von oben nicht sehen. Er lauschte.

„Mama?", fragte Felix unsicher. „Papa?" Doch weder Mama noch Papa antworteten.
„Mama!" Felix wurde ungeduldig. „Wo bist du?"
Keine Antwort.
Nun tat ihm nicht nur der Hals weh. Sein Herz raste, als würde es einen Wettlauf machen und sein Bauch fühlte sich so an, als würden sich dort ganz viele Steine türmen und eine hohe Mauer bauen. Er war allein. Ganz allein im Haus. Mama und Papa nicht da. Niemand. Plötzlich schmeckte Felix etwas Salziges. Er leckte sich über die Lippen und hockte sich auf die oberste Stufe der Treppe. Felix saß im Dunkeln und weinte.
Pling! Felix hob den Kopf und schaute um sich. Ein kleines Lichtlein leuchtete plötzlich unten im Flur auf.
Pling machte es wieder.

Felix sprang auf und wischte sich die Tränen weg. Da, ein drittes *Pling*. Das Geräusch kannte er.
Felix lächelte.
Mamas Handy!
Wenn Mamas Handy im Haus ist, kann Mama nicht weit sein, schoss es Felix durch den Kopf.
„Mama, ich suche dich jetzt!", sprach er sich Mut zu.
Schritt für Schritt ging er tapfer im Dunkeln die Treppe hinunter.
Auf der Kommode lag Mamas Handy. Lesen konnte Felix zwar noch nicht, aber Fotos erkennen schon. Auf dem Profilbild saß ein kleiner Marienkäfer auf Felix' Hand. Die Nachricht war von Papa, da war er sich sicher. Aber wo war Papa?
Felix schielte in die dunkle Küche. Keine Mama. Dann tapste er den Flur entlang zum Wohnzimmer und öffnete die Tür. Die Stehlampe leuchtete. Mama lag bestimmt auf der Couch und war beim Lesen eingeschlafen. Felix stürmte los.

„Mamaaa, aufwachen!“ Doch dann stockte er und ließ die Schultern hängen. Keine Mama auf der Couch. Felix plumpste zu Boden.

„Mama, wo steckst du denn bloß?“, wimmerte er.

Plötzlich hörte er ein dumpfes Geräusch. Es wurde immer lauter und vor allem schneller, fast wie die Turbine, die Felix mit Papa in der Kindersendung über Flugzeuge gesehen hatte. Wo kam das her? Er runzelte die Stirn und spitzte die Ohren.

Und dann fiel es ihm ein.

„O nein! Bitte nicht!“ Felix’ Herz raste nicht nur, es rutschte direkt in die Hose und weiter bis in den kleinen Zeh.

„DER KELLER“, platzte es aus ihm heraus und er schlug die Hände vors Gesicht. Sein Mund fühlte sich trocken an. Felix schluckte. Er war doch noch NIE ALLEIN im Keller gewesen. Nicht ohne Mama oder Papa. Sicher ist sicher!

Der Keller war schummrig und verwinkelt. Er war kalt und feucht. Es roch alt und muffig – so wie seine Socken, wenn seine Füße den ganzen Tag in den Gummistiefeln steckten. Außerdem knackte und brummte und knirschte und summte es dort.

Und dann diese Kellermonster!

Okay, zugegeben, gesehen hatte er noch keine. Und Mama und Papa behaupteten, dass es auch gar keine gäbe. Aber mal ehrlich, diese Knack-, Brumm-, Knirsch- und Summgeräusche, dieser muffige Geruch und das Flackern der Lampe und sowieso das Unheimliche, das musste ja irgendwo herkommen, oder nicht? Nein, der Keller war definitiv nicht sein Lieblingsplatz.

Es gab nur eine Ausnahme: Den Waschkeller, den mochte Felix. Da war es hell und duftete frisch wie eine Blumenwiese.

„Was mache ich denn nun?“ Felix zog die Kuscheldecke von der Couch und wickelte sich in sie hinein. Nur die Nasenspitze lugte ein kleines bisschen hervor. Er musste ja schließlich noch atmen.

„Hört auf mit dem Krach, ihr doofen Kellermonster!", befahl Felix und hielt sich unter der Decke die Ohren zu. Doch der Lärm ließ nicht nach. Im Gegenteil.
Felix kaute auf der Unterlippe und kuschelte sich noch enger in die Decke. Sie roch nach Mama. Felix schluchzte.
Die Kellermonster schienen ein Flugzeug im Keller starten zu lassen, so laut waren jetzt die Turbinengeräusche. Was ist hier nur los? Felix kratzte sich am Kopf.
„Egal! Ich muss Mama finden!" Er wischte sich mit der Decke über die Augen und sprang auf.
„Die Kellermonster sind mir schnurzpiepe." Schnurzpiepe war Mamas Lieblingswort. Felix ballte die Finger zu einer Faust. Dann schlich er auf Zehenspitzen zum Keller und öffnete leise die Tür. Er knipste die Kellerlampe an. Das Licht war schummrig wie immer.
„Ich schaffe das!", sagte sich Felix und setzte den Fuß vorsichtig auf die erste Kellerstufe. Die Kellermonster würden ihn schon in Ruhe lassen, er würde sie ja schließlich auch nicht ärgern. Er musste jetzt einfach Mama finden.
„Alle meine Entchen", sang Felix mit heiserer Stimme, denn Oma sagte immer: „Wenn du Angst hast, dann sing. Das hilft."
Ein Duft nach Blumenwiese kitzelte Felix' Nase. Die Turbine wurde lauter und schneller. Und plötzlich ging Felix ein Licht auf. Er wusste jetzt, woher er das Geräusch kannte: Der Schleudergang der Waschmaschine war jeden Augenblick zu Ende. Felix hatte Mama oft bei der Wäsche geholfen und die Waschmaschine beobachtet.
Er lachte.
„Mama, ich bin gleich da", krächzte er. Eine ganze Schubkarre voller Steine fiel ihm vom Herzen. Er hielt sich am Handlauf fest und eilte die Stufen hinab.
Im Kellerflur angekommen, öffnete Felix mit Schwung die Tür zum Waschkeller.

Frische Wäsche hing an der Wäscheleine, zwei Körbe mit schmutziger Wäsche standen auf dem Boden, daneben die große Packung Waschpulver, die so schön nach Blumenwiese duftete, die Waschmaschine, die am Schleudern war, aber ... KEINE MAMA!
„Menno!“ Felix stampfte auf den Boden. „Du kannst dich doch nicht in Luft aufgelöst haben! Mama?“
Vielleicht doch die Kellermonster? Sein Herz pochte. Er schaute nach links und danach nach rechts. Dann drehte er sich langsam um und schielte hinter die Tür.
„Nee, das ist Quatsch! Mama ist viel zu groß und stark für die. Ich muss sie jetzt endlich finden!“ Felix ballte wieder die Fäuste. Mama musste im Haus sein, ihr Handy lag auf der Kommode im Flur. Und außerdem wusste Felix ganz tief in seinem Herzen, dass Mama und Papa ihn nie allein lassen würden.
Felix verließ den Waschkeller und lief die Kellertreppe schnell wieder hinauf, bog um die Ecke und blieb wie angewurzelt vor der Treppe zum Obergeschoß stehen. Das Flurlicht im ersten Stock brannte. Er hatte es vorhin nicht angeschaltet, das wusste Felix genau. Er hielt den Atem an.
Dann hörte er die Klospülung.
„Huch, Felix, du bist ja wach. Geht es dir besser?“ Mama stand oben im Flur vor der Treppe und lächelte ihn an.
Felix sprintete die Treppenstufen in Windeseile hoch und sprang Mama in die Arme.
„Alles gut?“, fragte Mama. „Wo kommst du überhaupt her, kleiner Mann?“
„Ich bin wach geworden und habe dich gerufen. Du hast nicht geantwortet. Und Papa auch nicht. Aber dein Handy ist da. Und dann habe ich dich überall im Haus gesucht“, sprudelte es aus Felix heraus. „Mama, wo warst du denn?“, fragte Felix pampig und runzelte die Stirn.

„Ich habe mich auch ins Bett gelegt, weil ich Ohrenschmerzen bekommen habe, und das Nachmittagsstündchen hat dann wohl etwas länger gedauert. Durch die Ohrentropfen höre ich jetzt alles ganz dumpf, so als hätte ich Watte im Ohr. Vermutlich habe ich dein Rufen auch deswegen nicht mitbekommen. Das tut mir sehr leid, Felix." Mama drückte Felix fest an sich und küsste ihn auf den Kopf.
„Ich war sogar im Keller." Felix befreite sich aus Mamas Umarmung und schaute sie erwartungsvoll an.
„Du warst allein im Keller? Trotz der Kellermonster?" Sie schmunzelte. „Da warst du aber sehr mutig, Felix!"
Felix strahlte vom linken Ohr bis zum rechten Ohr.
„Jetzt koche ich uns erst einmal einen leckeren Tee und danach machen wir es uns auf der Couch gemütlich. Vom Mittag ist noch Apfelmus übrig. Das nehmen wir mit."

„Aber vorher gehe ich noch aufs Klo." Erst jetzt spürte Felix, wie dringend er musste, und eilte ins Bad. „Mama, wartest du auf mich?", rief er schnell.
„Ja, klar", antwortete Mama und wartete an der Treppe.
Als Felix aus dem Bad kam, ergriff er Mamas Hand.
„Alles okay?", fragte sie.
Felix lächelte, schmiegte den Kopf an Mamas Arm und dann gingen sie Hand in Hand die Treppe hinunter.
„Papa wird auch bald kommen." Mama schaute auf ihre Armbanduhr. „Er wollte uns eine heiße Suppe zum Abendbrot kochen."
„Papa hat dir geschrieben. Dein Handy hat ganz oft *Pling* gemacht."
„Dann schauen wir gleich mal nach, was er wollte." Mama nahm das Handy von der Kommode. „Hilfst du mir beim Teekochen?"
„Nee, ich gehe schnell in den Keller und mache die Waschmaschine aus. Die hat nämlich schon geschleudert und bestimmt auch gepiept", erklärte Felix.
„Du gehst trotz Kellermonster in den Keller?" Mama staunte.
„Klar, die sind mir nämlich schnurzpiepe." Felix grinste und hüpfte zur Kellertreppe. Er drehte sich um und rief: „Und außerdem gibt es gar keine Kellermonster!"

Xenia Giday ist Dipl. Sozialpädagogin und lebt mit ihrer Familie in Schleswig-Holstein. Sie mag Ausschreibungen und Wettbewerbe und so sind einige ihrer Kurzgeschichten in Anthologien bei Verlagen erschienen.
Kinder und deren Lebensrealität sind die Ideenschmiede von Xenia Giday. Die Geschichten aus „Die Mut-Entdecker“ entspringen dieser Inspirationsquelle.

www.giway.de
xenia_giway

Stephanie Vifian ist Lektorin, Reiseleiterin und lebt in der Schweiz. Seit ihrer Schulzeit besitzt sie eine blühende Fantasie und daher fließen oft fantastische Elemente in ihre Vorlesegeschichten mit ein.
So auch in ihrem Buch „Das unmögliche Weihnachtsgeschenk“. Erinnerungen an ihre damalige Tätigkeit als Kinderturnlehrerin und die Besuche ihrer kleinen Enkelin lösen Inspirationen für ihre Geschichten aus.

www.stephanie-vifian.com
stephanie.vifian.autorin

Silke Herr ist Grafikdesignerin und Illustratorin und lebt in der Hansestadt Rostock. Seit über 30 Jahren bestimmt kreatives Schaffen ihr Leben, seit 10 Jahren nun auch als freiberufliche Gestalterin. Die Liebe zur Illustration wuchs in dieser Zeit stetig. Um so größer ist die Freude, nun die kleinen „Mut-Entdecker“ in die Lesewelt zu senden.

www.frauherrausr.de
she_take_68

IMPRESSUM
Xenia Giday und Stephanie Vifian
c/o autorenglück.de
Franz-Mehring-Str. 15
01237 Dresden
Lektorat: Lektorat Fernweh und www.storyanalyse.de
Korrektorat: Anita Wiebe · Lektorat Drachenherz
Illustration und Layout: Silke Herr · frauherrausr.de
Bestellung und Vertrieb: Nova MD GmbH, Vachendorf
Druck: ScandinavianBook · Neustadt a. d. Aisch
ISBN: 978-3-98942-880-5
1. Auflage · 2024